Selected Opera Arias
BASS

T0070459

10 Essential Arias with Plot Notes, International Phonetic Alphabet,
Recorded Diction Lessons and Recorded Accompaniments

Extracted from the *G. Schirmer Opera Anthology*, edited by Robert L. Larsen

Translations
Martha Gerhart

International Phonetic Alphabet
Martha Gerhart, Italian and French
Irene Spiegleman, German

Diction Recordings
Corradina Caporello, Italian
Pierre Vallet, French
Irene Spiegelman, German

Each aria text has two recordings: a recitation, and then a slowly spoken diction lesson.

Accompaniment Recordings
William Billingham, piano

To access companion recorded diction lessons and accompaniments online,
visit: **www.halleonard.com/mylibrary**

Enter Code
5398-5361-7184-5771

ISBN 978-1-4950-3095-6

G. SCHIRMER, Inc.

DISTRIBUTED BY

HAL•LEONARD®
CORPORATION
7777 W. BLUEMOUND RD. P.O. BOX 13819 MILWAUKEE, WI 53213

www.musicsalesclassical.com
www.halleonard.com

RELATED ONLINE RESOURCES

Enter the unique a code on the title page to access the following resources at
www.halleonard.com/mylibrary

1. **Recorded Diction Lessons**

    Each aria text is recorded twice:

    - A recitation by a native speaker of the text in a sympathetic speaking tone, from which the listener can hear the natural flow of the words

    - A slow and deliberate, phrase by phrase diction lesson with the native speaker coach, with the student repeating after the teacher

2. **Recorded Piano Accompaniments**

3. **Instructions for using the International Phonetic Alphabet Transliterations (PDFs)**

    The following articles and charts explain the approach used in citing the IPA symbols for consonants and vowels with an English equivalent, and also address any special issues of diction in the language.

    - "About the Italian IPA Transliterations" by Martha Gerhart

    - "About the French IPA Transliterations" by Martha Gerhart

    - "About the German IPA Transliterations" by Irene Spiegelman

CONTENTS

The price of this publication includes access to companion recorded diction lessons and accompaniments online, for download or streaming, using the unique code found on the title page.
Visit **www.halleonard.com/mylibrary** and enter the access code.

NOTES AND TRANSLATIONS

LA BOHÈME
(The Bohemian Life)
1896
music by Giacomo Puccini
libretto by Giuseppe Giacoso and Luigi Illica (after the novel *Scènes de la Vie de Bohème* by Henri Murger)

Vecchia zimarra, senti

from Act IV
setting: Paris, c. 1830; a garret apartment
character: Colline

Musetta has brought Mimi, dying of consumption, to the apartment of the "bohemians." Musetta goes off with Marcello to sell her earrings and seeks medical help. Colline, the philosopher, says a gentle farewell to his old coat before taking it to the pawnbroker.

Vecchia zimarra, senti,	*Shabby old overcoat, listen—*
io resto al pian,	*I am staying on the ground;*
tu ascendere il sacro monte or devi.	*you must now ascend to the sacred mountain.**
Le mie grazie ricevi.	*Receive my thanks.*
Mai non curvasti il logoro dorso	*You never bowed your worn back*
ai ricchi ed ai potenti.	*to the rich and powerful.*
Passar nelle tue tasche	*Through your pockets, as if in tranquil*
come in antri tranquilli	*dens, philosophers and poets have*
filosofi e poeti.	*passed.*
Ora che i giorni lieti fuggir,	*Now that happy days have fled,*
ti dico addio, fedele amico mio,	*I say farewell to you, my faithful friend—*
addio.	*farewell.*

*A pun: in Italy, "monte di pietà" ("mountain of mercy") is a pawnshop.

DON GIOVANNI
1787
music by Wolfgang Amadeus Mozart
libretto by Lorenzo da Ponte (after Giovanni Bertati's libretto for Giuseppe Gazzinga's opera *Il convitato di pietra*; also after the Don Juan legends)

Madamina! Il catalogo è questo

from Act I, scene 2
setting: near Seville, the 17th century (often played as the 18th century); a desolate road; early morning
character: Leporello

Returning from an evening in Seville, Giovanni and his servant Leporello encounter an attractive woman emerging from a coach. The Don amorously approaches her only to discover when she turns around that it is Donna Elvira, a woman he married in Burgos. As quickly as possible he slips away, leaving Leporello to tell her the truth about her husband by reading a list of his conquests.

Madamina! Il catalogo è questo
delle belle che amò il
    padron mio;
un catalogo egli è che ho fatt'io;
osservate, leggete con me!
In Italia sei cento e quaranta,
in Almagna due cento e trent'una
cento in Francia, in Turchia novant'una;
ma, in Ispagna son già mille e tre!
V'han fra queste contadine,
cameriere, cittadine,
v'han contesse, baronesse,
marchesane, principesse,
e v'han donne d'ogni grado,
d'ogni forma, d'ogni età.

Nella bionda egli ha l'usanza
    di lodar la gentilezza,
nella bruna la constanza,
nella bianca la dolcezza.
Vuol d'inverno la grassotta,
vuol d'estate la magrotta,
è la grande maestosa.
La piccina è ognor vezzosa;
delle vecchie fa conquista,
pel piacer di porle in lista.
Sua passion predominante
è la giovin principiante.
Non si pica, se sia ricca,
se sia brutta, se sia bella,
purchè porti la gonnella,
voi sapete quel che fa.

My little lady, this is the catalogue
of the beautiful women whom my master
    has loved;
it's a list that I've made myself—
look, read with me!
In Italy six hundred and forty,
in Germany two hundred and thirty-one;
a hundred in France, ninety-one in Turkey—
but, in Spain are already a thousand and three!
Among these there are country girls,
chambermaids, city girls;
there are countesses, baronesses,
marquises, princesses;
and there are women of every rank,
of every shape, of every age.

To the blond he has the habit of
    extolling her kindness—
to the brunette, her constancy,
to the fair one, her sweetness.
In winter he wants the plump one;
in summer, he wants the skinny one
and the tall, stately one.
The tiny one is always charming;
the old ones he conquers
for the pleasure of putting them on the list.
His predominant passion
is the young beginner.
He takes no offense, be she rich,
be she ugly, be she beautiful;
as long as she wears a skirt,
you know what he does.

DIE ENTFÜHRUNG AUS DEM SERAIL
(The Abduction from the Seraglio)
1782
music by Wolfgang Amadeus Mozart
libretto by Gottlieb Stephanie, the younger (after a libretto by Christoph Friedrich Bretzner)

O, wie will ich triumphiren

from Act III, scene 1
setting: Turkey, the 16th century; a square in front of the Pasha's palace, outside Osmin's house; midnight
character: Osmin

Pedrillo and Blonde, Belmonte and Constanze have been caught in their attempt to escape from the seraglio. Osmin, the major-domo of the court, gloats over his victory. When Belmonte offers to bribe him with gold, Osmin says he wants their heads, not their money, and proceeds to order them all to be sent before Pasha Selim.

O, wie will ich triumphiren,	*Oh, how I will exult*
wenn sie euch zum Richtplatz führen,	*when they lead you to the gallows*
und die Hälse schnüren zu.	*and tie the noose around your necks.*
Hüpfen will ich, lachen, springen,	*I will hop, laugh, jump,*
und ein Freudenliedchen singen;	*and sing a little song of joy;*
denn nun hab' ich vor euch Ruh'.	*for then I'll have peace from you.*
Schleicht nur säuberlich und leise,	*No matter how stealthily and quietly you prowl,*
ihr verdammten Harems-mäuse,	*you cursed harem mice,*
unser Ohr entdeckt euch schon;	*our ears will surely detect you;*
und eh' ihr uns könnt entspringen,	*and before you can escape from us,*
seht ihr euch in unsern Schlingen,	*you'll see yourselves in our traps*
und erhaschet euren Lohn.	*and catch what's coming to you.*

MANON

1884
music by Jules Massenet
libretto by Henri Meilhac and Philippe Gille (after *L'Histoire du Chevalier des Grieux et de Manon Lescaut*, a novel by Abbé Prévost)

Épouse quelque brave fille

from Act III, scene 2 (often played as Act II, scene 2)
setting: Paris, 1721; the seminary of St. Sulpice
character: Count Des Grieux

The Chevalier Des Grieux has just delivered his first sermon as an Abbé at the church of St. Sulpice. His father, the Count Des Grieux, has come for the service and mildly congratulates him, but his true motive in coming is to urge his son to renounce the church and find some suitable girl to marry.

Les grands mots que violà!	*What lofty words those are!*
Quelle route as-tu donc suivie,	*What path have you followed, then,*
et que sais-tu de cette vie	*and what do you know about this life*
pour penser qu'elle finit là?	*to think that it ends with this?*
Épouse quelque brave fille	*Marry some fine girl*
digne de nous, digne de toi;	*worthy of us, worthy of you;*
deviens un père de famille	*become a family father*
ni pire, ni meilleur que moi:	*neither worse nor better than I:*
le ciel n'en veut pas davantage.	*heaven wishes no more.*
C'est là le devoir,	*Your obligation is there—*
entends-tu?	*do you understand?*
C'est là le devoir!	*Your obligation is there!*
La vertu qui fait du tapage	*Virtue which is ostentatious*
n'est déjà plus de la vertu!	*is already no longer virtue!*

LE NOZZE DI FIGARO
(The Marriage of Figaro)
1786
music by Wolfgang Amadeus Mozart
libretto by Lorenzo da Ponte (after *La Folle Journée, ou Le Mariage de Figaro*, a comedy by Pierre Augustin Caron de Beaumarchais)

Non più andrai

from Act I
setting: near Seville, the 17th century (often played as the 18th century); the palace of Count Almaviva; Figaro and Susanna's new apartment, not yet completely furnished
character: Figaro

Count Almaviva, annoyed by the antics of the court page Cherubino, has consigned the boy to military duty. Susanna looks on as Figaro describes for him the joys and sorrows of a soldier's life.

Non più andrai, farfallone amoroso,	*You won't be flitting around anymore like*
notte e giorno d'intorno girando.	*a big amorous butterfly night and day*
delle belle turbando il riposo,	*disturbing the repose of beautiful women,*
Narcisetto, Adoncino d'amor.	*little Narcissus, little Adonis of love.*
Non più avrai questi bei pennacchini,	*You'll no longer have these pretty feathers,*
quel cappello leggiero e galante,	*that light and gallant hat,*
quella chioma, quall'aria brillante,	*the head of hair, that sparkling air,*
quel vermiglio donnesco color!	*the bright red womanish color!*
Non più avrai quei pennacchini,	*You'll no longer have those feathers,*
quel cappello, quella chioma,	*that hat, that head of hair,*
quell' aria brillante!	*that sparkling air!*
Tra guerrieri, poffar Bacco!	*Among soldiers, by Jove!*
Gran mustacchi, stretto sacco,	*Big mustache, tight tunic,*
schioppo in spalla, sciabla al fianco,	*gun on your shoulder, sabre at your side,*
collo dritto, muso franco,	*neck straight, face forward,*
un gran casco, o un gran turbante,	*a big helmet or a big turban,*
molto onor, poco contante.	*much honor, little cash.*
Ed invece del fandango	*And instead of the fandango,*
una marcia per il fango.	*a march through the mud . . .*
Per montagne, per valloni,	*over mountains, through glens,*
con le nevi, e i sollioni,	*in the snows and the hot suns,*
al concerto di tromboni, di bombarde,	*to the accompaniment of trombones, of bombards,*
di cannoni, che le palle	*of cannons that make the cannonballs,*
in tutti i tuoni,	*amidst all the thunder,*
all'orecchio fan fischiar.	*whistle in your ears.*
Cherubino, alla vittoria,	*Cherubino, to victory—*
alla gloria militar!	*to military glory!*

La vendetta

from Act I
setting: near Seville, the 17th century (often played as the 18th century); the palace of Count Almaviva
character: Dr. Bartolo

Marcellina holds a contract which Figaro once signed, promising to marry her if he couldn't pay back a loan. The payment was never made, and Marcellina has engaged Don Bartolo as her lawyer. Bartolo swears that he will launch a campaign of vengeance that will assure her of victory.

Bene, io tutto farò;	*Very well, I'll do all I can;*
senza riserve,	*without reservation,*
tutto a me palesate.	*reveal everything to me.*
(Avrei pur gusto di dar in moglie	*(I would certainly relish giving my old*
la mia serva antica a chi	*servant as wife to the one who*
mi fece un dì rapir l'amica.)	*once robbed me of my sweetheart.)*
La vendetta, oh, la vendetta	*Vengeance—oh, vengeance*
è un piacer serbato ai saggi.	*is a pleasure reserved for the wise.*
L'obbliar l'onte, gli oltraggi	*To forget disgrace and offenses*
è bassezza, è ognor viltà.	*is always dishonor and cowardice.*
Coll'astuzia, coll'arguzia,	*With shrewdness, with wit,*
col giudizio, col criterio,	*with wisdom, with discretion,*
si potrebbe . . .	*it could be possible . . .*
il fatto è serio.	*The matter is serious,*
Ma credete, si farà.	*but believe it—it will be done.*
Se tutto il codice dovessi volgere,	*If I should have to turn the whole legal code around,*
se tutto l'indice dovessi leggere,	*if I should have to read the whole index,*
con un equivoco, con un sinonimo	*with an ambiguity, with a synonym*
qualche garbuglio si troverà.	*some confusion will be found.*
Tutta Siviglia conosce Bartolo—	*All Seville knows Bartolo—*
il birbo Figaro vinto sarà.	*the rascal Figaro will be defeated.*

SIMON BOCCANEGRA
1857
music by Giuseppe Verdi
libretto by Francesca Maria Piave and Arrigo Boito

Il lacerato spirito

from the prologue
setting: Genoa, the 14th century; a square before the Church of San Lorenzo, near the palace of Jacopo Fiesco; night
character: Jacopo Fiesco

Jacopo Fiesco, a nobleman of Genoa, mourns the death of his daughter Maria, whom he had virtually imprisoned in his palace after she had an affair with the commoner Simon Boccanegra and bore him a child.

A te l'estremo addio,	*To you my last farewell,*
palagio altero,	*proud palace,*
freddo sepolcro dell'angiolo mio!	*cold sepulchre of my angel!*
Nè a proteggerti valsi!	*I was worth nothing in protecting her!*
Oh maledetto!	*Oh cursed man!*
Oh vile seduttore!	*Oh vile seducer!*
E tu, Vergin, soffristi rapita	*And you, Virgin—you let her be*
a lei la virginal corona!	* robbed of her virginal crown?*
Ah! che dissi? deliro!	*Ah, what have I said? I'm raving!*
Ah! mi perdona!	*Ah, forgive me!*
Il lacerato spirito	*The broken spirit*
del mesto genitore	*of the sad father*
era serbato a strazio	*was reserved for the agony*
d'infamia e di dolore.	*of infamy and of sorrow.*
Il serto a lei de' martiri	*Heaven mercifully bestowed upon her*
pietoso il cielo diè.	* the wreath of martyrs.*
Resa al fulgor degli angeli,	*Returned to the radiance of the angels,*
prega, Maria, per me.	*pray, Maria, for me.*

LA SONNAMBULA
(The Sleepwalker)
1831
music by Vincenzo Bellini
libretto by Felice Romani (after *La Sonnambule*, a ballet-pantomime by Eugène Scribe)

Vi ravviso

from Act I, scene 1
setting: a Swiss mountain village, the 19th century; the village square outside Lisa's inn
character: Count Rodolpho

Count Rodolpho, lord of the manor, who disappeared from his mountain village in Switzerland as a child, returns in an officer's uniform and asks directions from the villagers to the manor. They tell him that it is three miles beyond the village and that he should rest in the inn for the night. As he looks around at the mill, the fountain, and the fields, a flood of pleasant memories overtakes him.

Il mulino . . . il fonte . . . il bosco . . .	*The mill . . . the fountain . . . the woods . . .*
e vicin la fattoria!	*and the farmhouse nearby!*
Vi ravviso, o luoghi ameni,	*I see you again, oh pleasant surroundings*
in cui lieti, in cui sereni	*in which I so peacefully spent the*
sì tranquillo i dì passai	* happy and serene days*
della prima gioventù!	*of my early youth!*
Cari luoghi, io vi trovai,	*Dear surroundings, I've found you,*
ma quei dì non trovo più!	*but those days I find no more!*
Ma fra voi, se non m'inganno,	*But among you, if I'm not mistaken,*
oggi ha luogo alcuna festa?	*some celebration is taking place?*
E la sposa? è quella?	*And the bride—it is she?*
È gentil, leggiadra molto.	*She's refined, very charming.*
Ch'io ti miri!	*Let me look at you!*
Oh! il vago volto!	*Oh, the lovely face!*
Tu non sai con quei begli occhi	*You don't know how sweetly you touch my*
come dolce il cor mi tocchi,	* heart with those beautiful eyes,*
qual richiami ai pensier miei	*what an adorable beauty you recall*
adorabile beltà	* to my thoughts.*
Era dessa, ah qual tu sei,	*That one was—ah, as you are—*
sul mattino dell'età, sì!	*in the morning of her years—yes!*

DIE ZAUBERFLÖTE
(The Magic Flute)
1791
music by Wolfgang Amadeus Mozart
libretto by Emmanuel Schikaneder and Carl Giesecke (after a fairy tale by Wieland)

O Isis und Osiris

from Act II, scene 1
setting: Legendary; the Temple of Isis
character: Sarastro

In the inner courts of the Temple of Isis, priests assemble for solemn discussion and ritual. Sarastro, the high priest of the temple, invokes the blessing of the gods on Tamino and Pamina, who are to begin trials of initiation into the order.

O Isis und Osiris,	*Oh Isis and Osiris,*
schenket der Weisheit Geist	*bestow the spirit of wisdom*
dem neuen Paar!	*upon the new couple!*
Die ihr der Wandrer Schritte lenket,	*You who guide the steps on the travelers,*
stärkt mit Geduld sie in Gefahr.	*strengthen them with patience in peril.*
Laßt sie der Prüfung Früchte sehen,	*Let them see the fruits of the probation;*
doch sollten sie zu Grabe gehen,	*yet, must they go to the grave,*
so lohnt der Tugend kühnen Lauf,	*then reward the brave course of virtue:*
nehmt, sie in euren Wohnsitz auf.	*receive them in your dwelling place.*

In diesen heil'gen Hallen

from Act II, scene 3
setting: Legendary; the palace of Sarastro
character: Sarastro

Sarastro enters to save Pamina from the evil Monostatos, who has threatened to kill her with the knife that her mother, the Queen of the Night, had given her to kill Sarastro. Pamina pleads with Sarastro not to punish her mother, and the priest responds in a spirit of benevolent conciliation.

In diesen heil'gen Hallen	*In these sacred halls*
kennt man die Rache nicht,	*one knows not revenge;*
und ist ein Mensch gefallen,	*and if one man has fallen,*
führt Liebe ihn zur Pflicht.	*love guides him to his obligation.*
Dann wandelt er an Freundes Hand	*Then he travels, by the hand of a friend,*
vergnügt und froh ins bess're Land.	*delighted and happy, to the better land.*
In diesen heil'gen Mauern,	*Within these sacred walls,*
wo Mensch den Menschen liebt,	*where man loves mankind,*
kann kein Verräter lauern,	*no traitor can lurk,*
weil man dem Feind vergibt.	*because on forgives the foe.*
Wen soche Lehren nicht erfreun,	*Whomever this teaching does not gladden*
verdienet nicht ein Mensch zu sein.	*does not deserve to be a man.*

ABOUT THE ITALIAN IPA TRANSLITERATIONS
by Martha Gerhart

While the IPA is currently the diction learning tool of choice for singers not familiar with the foreign languages in which they sing, differences in transliterations exist in diction manuals and on the internet, just as differences of pronunciation exist in the Italian language itself.

The Italian transliterations in this volume reflect the following choices:

All unstressed "e's" and "o's" are *closed*. This choice is based on the highest form of the spoken language, as in the authoritative Italian dictionary edited by Zingarelli. However, in practice, singers may well make individual choices as to *closed* or *open* depending upon the vocal tessitura and technical priorities.

Also, there are many Italian words (such as "sento," "cielo," and etc.) for which, in practice, both *closed* and *open* vowels in the *stressed* syllable are perfectly acceptable.

The "nasal 'm'" symbol [ɱ], indicating that the letter "n" assimilates before a "v" or an "f" (such as "inferno" becoming [im ˈfɛr rr] in execution, is not used in these transliterations. This choice was a practical one to avoid confusion on the part of the student who might wonder why "in" is transcribed as if it were "im," unlike in any dictionary. However, students are encouraged to use the [ɱ] as advised by experts.

Double consonants which result, in execution, from *phrasal doubling* (*raddoppiamento sintattico*) are not transliterated as such; but students should utilize this sophistication of Italian lyric diction as appropriate.

The syllabic divisions in these transliterations are in the interest of encouraging the singer to lengthen the vowel before a single consonant rather than making an incorrect double consonant, and also to encourage the singer, when there are two consonants, the first of which is *l, m, n,* or *r*, to give more strength to the first of those two consonants.

Intervocalic "s's" are transliterated as *voiced*, despite the fact that in many words ("casa," "così," etc.) the "s" is *unvoiced* in the language (and in the above-mentioned dictionary). Preferred practice for singers is to *voice* those "s's" in the interest of legato; yet, an unvoiced "s" pronunciation in those cases is not incorrect. (*Note*: words which combine a prefix and a stem beginning with an unvoiced "s" ["risolvi," "risanare," etc.] retain the unvoiced "s" of the prefix in singing as well as in speech.)

Many Italian words have alternate pronunciations given in the best dictionaries, particularly regarding closed or open vowels. In my IPA transliterations I chose the first given pronunciation, which is not always the preferred pronunciation in common Italian usage as spoken by Corradina Caporello on the accompanying recordings. I defer to my respected colleague in all cases for her expert pronunciation of beautiful Italian diction.

Pronunciation Key

IPA Symbol	Approximate sound in English	IPA Symbol	Approximate sound in English
[i]	feet	[s]	set
[e]	potato	[z]	zip
[ɛ]	bed	[l]	lip
[a]	father	[ʎ]	million
[ɔ]	taut		
[o]	tote	[ɾ]	as *British* "very" – flipped "r"
[u]	tube	[r]	no English equivalent – rolled "r"
[j]	Yale		
[w]	watch	[n]	name
		[m]	mop
[b]	beg	[ŋ]	anchor
[p]	pet	[ɲ]	onion
[d]	deep	[tʃ]	cheese
[t]	top	[dʒ]	George
[g]	Gordon	[dz]	feeds
[k]	kit	[ts]	fits
[v]	vet		
[f]	fit	[ː]	indicates doubled consonants
[ʃ]	she	[ˈ]	indicates the primary stress; the syllable following the mark is stressed

ABOUT THE FRENCH IPA TRANSLITERATIONS
by Martha Gerhart

Following is a table of pronunciation for French lyric diction in singing as transliterated in this volume.

THE VOWELS

symbol	nearest equivalent in English	descriptive notes
[ɑ]	as in "f<u>a</u>ther"	the "dark 'a'"
[a]	in English only in dialect; comparable to the Italian "a"	the "bright 'a'"
[e]	no equivalent in English; as in the German "Schnee"	the "closed 'e'": [i] in the [ɛ] position
[ɛ]	as in "b<u>e</u>t"	the "open 'e'"
[i]	as in "f<u>ee</u>t"	
[o]	no equivalent in English as a pure vowel; approximately as in "<u>o</u>pen"	the "closed 'o'"
[ɔ]	as in "<u>ou</u>ght"	the "open 'o'"
[u]	as in "bl<u>ue</u>"	
[y]	no equivalent in English	[i] sustained with the lips rounded to a [u] position
[ø]	no equivalent in English	[e] sustained with the lips rounded almost to [u]
[œ] *	as in "<u>ea</u>rth" without pronouncing any "r"	[ɛ] with lips in the [ɔ] position
[ɑ̃]	no equivalent in English	the nasal "a": [ɔ] with nasal resonance added
[ɔ̃]	no equivalent in English	the nasal "o": [o] with nasal resonance added
[ɛ̃]	no equivalent in English	the nasal "e": as in English "c<u>a</u>t" with nasal resonance added
[œ̃]	no equivalent in English	the nasal "œ": as in English "<u>u</u>h, h<u>u</u>h" with nasal resonance added

* Some diction manuals transliterate the neutral, unstressed syllables in French as a "schwa" [ə].
Refer to authoritative published sources concerning such sophistications of French lyric diction.

THE SEMI-CONSONANTS

[ɥ]	no equivalent in English	a [y] in the tongue position of [i] and the lip position of [u]
[j]	as in "<u>e</u>we," "<u>y</u>es"	a "glide"
[w]	as in "<u>w</u>e," "<u>w</u>ant"	

THE CONSONANTS

[b]	as in "bad"	with a few exceptions
[c]	[k], as in "cart"	with some exceptions
[ç]	as in "sun"	when initial or medial, before *a*, *o*, or *u*
[d]	usually, as in "door"	becomes [t] in liaison
[f]	usually, as in "foot"	becomes [v] in liaison
[g]	usually, as in "gate"	becomes [k] in liaison; see also [ʒ]
[k]	as in "kite"	
[l]	as in "lift"	with some exceptions
[m]	as in "mint"	with a few exceptions
[n]	as in "nose"	with a few exceptions
[ɲ]	as in "onion"	almost always the pronunciation of the "gn" combination
[p]	as in "pass"	except when silent (final) and in a few rare words
[r] *	no equivalent in English	flipped (or occasionally rolled) "r"
[s]	as in "solo"	with exceptions; becomes [z] in liaison
[t]	as in "tooth"	with some exceptions
[v]	as in "voice"	
[x]	[ks] as in "extra," [gz] as in "exist," [z] as in "Oz," or [s] as in "sent"	becomes [z] in liaison
[z]	as in "zone"	with some exceptions
[ʒ]	as in "rouge"	usually, "g" when initial or mediant before *e*, *i*, or *y*; also, "j" in any position
[ʃ]	as in "shoe"	

* The conversational "uvular 'r'" is used in popular French song and cabaret but is not considered appropriate for singing in the classical repertoire.

LIAISON AND ELISION

Liaison is common in French. It is the sounding (linking) of a normally silent final consonant with the vowel (or mute h) beginning the next word. Its use follows certain rules; apart from the rules, the final choice as to whether or not to make a liaison depends on good taste and/or the advice of experts.

Examples of liaison, with their IPA:

les oiseaux est ici
lɛ‿ zwa zo ɛ‿ ti si

Elision is the linking of a consonant followed by a final unstressed *e* with the vowel (or mute *h*) beginning the next word.

examples, with their IPA: elle est votre âme
ɛ‿ lɛ vɔ‿ trɑ mœ

The linking symbol [‿] is given in these transliterations for both **elision** and for (recommended) **liaisons**.

ABOUT THE GERMAN IPA TRANSLITERATIONS
by Irene Spiegelman

TRANSLATIONS

As every singer has experienced, word-by-word translations are usually awkward, often not understandable, especially in German where the verb usually is split up with one part in second position of the main clause and the rest at the end of the sentence. Sometimes it is a second verb, sometimes it is a little word that looks like a preposition. Since prepositions never come by themselves, these are usually *separable prefixes to the verb*. In order to look up the meaning of the verb this prefix has to be reunited with the verb in order to find the correct meaning in the dictionary. They cannot be looked up by themselves. Therefore, in the word-by-word translation they are marked with [1]) and do not show any words.

Note: In verbs with separable prefixes, the prefix gets the emphasis. If a separable prefix appears at the end of the sentence, it still needs to be stressed and since many of them start with vowels they even might be glottaled for emphasis.

Also, there are many *reflexive verbs* in German that are not reflexive in English, also the reflexive version of a verb in German often means something very different than the meaning found if the verb is looked up by itself. Reflexive pronouns that are grammatically necessary but do not have a meaning by themselves do not show a translation underneath. They are marked with [2]).

Another difference in the use of English and German is that German is using the Present Perfect Tense of the verb where English prefers the use of the Simple Past of the verb. In cases like that, the translation appears under the conjugated part of the verb and none underneath the past participle of the verb at the end of the sentence. Those cases are marked with [3]).

One last note concerning the translations: English uses possessive pronouns much more often then German does. So der/die/das in German have at appropriate points been translated as my/your/his.

PRONUNCIATION (EXTENDED IPA SYMBOLS)

The IPA symbols that have been used for the German arias are basically those used in Langenscheidt dictionaries. Other publications have refined some symbols, but after working with young singers for a long time, I find that they usually don't remember which is which sign when the ones for long closed vowels (a and ɑ, or ʏ and y) are too close, and especially with the signs for the open and closed u-umlauts they usually cannot tell which they handwrote into their scores. To make sure that a vowel should be closed there is ":" behind the symbol, i.e. [by:p laɪn]

After having been encouraged to sing on a vowel as long as possible, often the consonants are cut too short. The rule is, **"Vowels can be used to make your voice shine, consonants will help your interpretation!"** This is very often totally neglected in favor of long vowels, even when the vowels are supposed to be short. Therefore, double consonants show up here in the IPA line. This suggests that they should at least not be neglected. There are voiced consonants on which it is easy to sing (l, m, n) and often give the text an additional dimension. That is not true for explosive consonants (d, t, k), but they open the vowels right in front of them. So the double consonants in these words serve here as reminders. German does not require to double the consonants the way Italian does, but that Italian technique might help to move more quickly to the consonant, and therefore open the vowel or at least don't stretch it, which sometimes turns it into a word with a different meaning altogether.

One idea that is heard over and over again is: "There is no legato in German." The suggestions that are marked here with ⇨ in the IPA line show that **that is not true.** Always elided can be words ending in a vowel with the next word beginning with a vowel. Words that end with a -t sound can be combined with the next word that starts with a t- or a d-. A word ending in -n can be connected to the following beginning -n. But words ending in consonants can also be elided with the next word starting with a vowel. (example: Dann [dan⇨n] könnt' [kœn⇨n⇨] ich [⇨tɪç] mit [mɪt] Fürsten ['fʏr stən] mich ['mɛs⇨sən]). In this example, the arrow symbol suggests to use the double consonant, but also that the end-t in "könnt'" could be used at the beginning of "ich" which makes the word "ich" much less important (which it usually is in German), and could help to shape the words "Fürsten" and "messen" with more importance.

Within the IPA line, sometimes the "⇨" symbol is only at the end of a word and means that combining this word with the next is absolutely possible if it helps the interpretation of the text or the singer does not want to interrupt the beauty of the musical line. The same fact is true if the "⇨" symbol appears within a word and suggests combining syllables. (Since English syllables are viewed differently than German syllables, the IPA line is broken down into German syllables with suggestions for vocal combinations.) The only consonant that should not be combined with the next word is "r," because there are too many combinations that form new words (example: der Eine, the one and only, should not become [deː raɪ nə], the pure one).

One last remark about pronunciation that seems to have become an issue in the last few years: How does one pronounce the a-umlaut = ä. Some singers have been told in their diction classes that ä is pronounced like a closed e. That may be the case in casual language and can be heard on German television. But when the texts that we are dealing with were written the sound was either a long or short open e sound ['mɛː tçən, ʃpɛːt, 'hɛl tə].

Considering the language, how does one make one's voice shine and still use the text for a sensible interpretation? Look for the words within a phrase that are important to you as the interpreter, as the person who believes what he/she is conveying. In those words use the consonants as extensively as possible. [zzzeː llə] and [llliː bə] are usually more expressive than [zeː lə] and [liː bə] , also glottal the beginning vowels. Use the surrounding words for singing legato and show off the voice.

The IPA line not only shows correct pronunciation but is also giving guidelines for interpretation. For instance, R's may be rolled or flipped, or words may be connected or separated at any time as long as they help you with your feeling for the drama of the text. But you are the person who has to decide! Be discriminating! Know what you want to say! Your language will fit with the music perfectly.

THE "R" IN GERMAN DICTION

When most Germans speak an "r" in front of a vowel, it is a sound produced between the far back of the tongue and the uvula, almost like a gargling sound. The r's at the end of syllables take on different sounds and often have a vowel-like quality.

In classical singing, the practice is to use "Italian r's". Since trilling the r at the tip of the tongue seems to be easy for most singers, many texts are rendered with any overdone r's, which are remotely possible. As a result, the r's take over the whole text and diminish the meaning and phrasing of the sentences. By being discriminating in using rolled r's in an opera text, the phrasing, i.e. interpretation, as well as the chance of understanding the sung text can be improved.

Essentially, there are three categories of words with different suggestions about the use of r's:

ALWAYS ROLL THE R	END-R'S IN SHORT ONE-SYLLABLE WORDS	END-R'S IN PREFIXES AND SUFFIXES
a) before vowels: Rose ['ro: zə] tragen ['tra: gən] sprechen ['ʃprɛ: xən] Trug [tru:k] führen ['fy: rən] b) after vowels in the main syllable of the word: bergen ['bɛr gən] Herz [hɛrts] Schwert [ʃve:rt] durch [dʊrç] geworben [gə 'vɔr bən] hart [hart]	End-r's in short one-syllable words that have a closed vowel can be replaced with a short a-vowel, marked in the IPA line with ᵃ. der [de:ᵃ] er [e:ᵃ] wir [vi:ᵃ] hier [hi:ᵃ] vor [fo:ᵃ] nur [nu:ᵃ] **Note:** **After an a-vowel a replacement of r by ᵃ would not sound. Therefore end-r's after any a should be rolled.** **war [va:r]** **gar [ga:r]**	Prefixes: ver- er- zer- Here, e and r could be pronounced as a schwa-sound, almost like a short open e combined with a very short ᵃ. If desired, the r could also be flipped with one little flip in order not to overpower the main part of the word which is coming up. In the IPA-line this is marked with ʀ. verbergen [fɛʀ 'bɛr gən] erklären [ɛʀ 'klɛ: rən] Suffix: -er These suffixes are most of the time not important for the interpretation of the text. Therefore, the schwa-sound as explained above works in most cases very well. It is marked in the IPA-line with ɚ. e-Suffixes are marked with ə. guter ['gu: tɚ] gute ['gu: tə] Winter ['vɪn tɚ] Meistersinger ['maɪ stɚ sɪ ŋɚ] (compound noun, both parts end in -er)

INTERNATIONAL PHONETIC ALPHABET TRANSLITERATIONS BY ARIA

LA BOHÈME
music: Giacomo Puccini
libretto: Luigi Illica and Giuseppe Giacosa (after the novel *Scènes de la Vie de Bohème* by Henri Murger)

Vecchia zimarra, senti

'vɛk: kja   dzi 'mar: ra   'sɛn ti
Vecchia   **zimarra,**   **senti,**
old   *shaby coat*   *hear*

'i o   'rɛ sto   al   pjan
io   **resto**   **al**   **pian,**
I   *remain*   *on the*   *ground*

tu   aʃ: 'ʃen de ɾe   il   'sa kro   'mon te   or   'dɛ vi
tu   **ascendere**   **il**   **sacro**   **monte**   **or**   **devi.**
you   *[to] ascend*   *the*   *sacred*   *mountain*   *now*   *[you] must*

le   'mi e   'grat: tsje   ri 'tʃe vi
Le   **mie**   **grazie**   **ricevi.**
the   *my*   *thanks*   *receive*

'ma i   non   kur 'va sti   il   'lo go ɾo   'dor so
Mai   **non**   **curvasti**   **il**   **logoro**   **dorso**
never   *not*   *you bowed*   *the*   *threadbare*   *back*

'a i   'rik: ki   e 'da i   po 'tɛn ti
ai   **ricchi**   **ed ai**   **potenti.**
to the   *rich*   *and to the*   *powerful*

pas: 'sar   'nel: le   'tu e   'ta ske
Passar   **nelle**   **tue**   **tasche**
passed   *through the*   *your*   *pockets*

'ko me   in   'an tri   traŋ 'kwil: li
come   **in**   **antri**   **tranquilli**
as if   *in*   *dens*   *tranquil*

fi 'lɔ zo fi   e   po 'ɛ ti
filosofi   **e**   **poeti.**
philosophers   *and*   *poets*

'o ɾa   ke   i   'dʒor ni   'lje ti   fud: 'dʒir
Ora   **che**   **i**   **giorni**   **lieti**   **fuggir,**
now   *that*   *the*   *days*   *happy*   *have fled*

ti   'di ko   ad: 'di o   fe 'de le   a 'mi ko   'mi o
ti   **dico**   **addio,**   **fedele**   **amico**   **mio,**
to you   *I say*   *farewell*   *faithful*   *friend*   *mine*

ad: 'di o
addio.
farewell

DON GIOVANNI
music: Wolfgang Amadeus Mozart
libretto: Lorenzo da Ponte (after Giovanni Bertati's libretto for Giuseppe Gazzaniga's opera *Il convitato di pietra;* also after the Don Juan legends)

Madamina! Il catalogo è questo

ma da 'mi na   il   ka 'ta lo go   ɛ   'kwe sto
Madamina!   **Il**   **catalogo**   **è**   **questo**
my dear lady   *the*   *catalogue*   *is*   *this*

'del: le   'bɛl: le   ke   a 'mɔ   il
delle   **belle**   **che**   **amò**   **il**
of the   *beautiful women*   *whom*   *loved*   *the*

       pa 'dron   'mi o
       padron   **mio;**
       master   *mine*

un   ka 'ta lo go   'eʎ: ʎi   ɛ   ke   ɔ   fat: 'ti o
un   **catalogo**   **egli**   **è**   **che**   **ho**   **fatt'io;**
a   *catalogue*   *it*   *is*   *which*   *I have*   *made [I]*

os: ser 'va te   led: 'dʒe te   kon   me
osservate,   **leggete**   **con**   **me!**
observe   *read*   *with*   *me*

in   i 'ta lja   'sɛ i   'tʃɛn to   e   kwa 'ran ta
In   **Italia**   **sei**   **cento**   **e**   **quaranta,**
in   *Italy*   *six*   *hundred*   *and*   *forty*

in   al 'maɲ: ɲa   'du e   'tʃɛn to   e   tren 'tu na
in   **Almagna**   **due**   **cento**   **e**   **trent'una,**
in   *Germany*   *two*   *hundred*   *and*   *thirty-one*

'tʃɛn to   in   'fran tʃa   in   tur 'ki a   no van 'tu na
cento   **in**   **Francia,**   **in**   **Turchia**   **novant'una;**
hundred   *in*   *France*   *in*   *Turkey*   *ninety-one*

ma   in   i 'spaɲ: ɲa   son   dʒa   'mil: le   e   tre
ma,   **in**   **Ispagna**   **son**   **già**   **mille**   **e**   **tre!**
but   *in*   *Spain*   *are*   *already*   *thousand*   *and*   *three*

van   fra   'kwe ste   kon ta 'di ne
V'han   **fra**   **queste**   **contadine,**
there are   *among*   *these*   *country girls*

ka me 'rjɛ ɾe   tʃit: ta 'di ne
cameriere,   **cittadine,**
chambermaids   *city girls*

van   kon 'tes: se   ba ɾo 'nes: se
v'han   **contesse,**   **baronesse,**
there are   *countesses*   *baronesses*

mar ke 'za ne   prin tʃi 'pes: se
marchesane,   **principesse,**
marquises   *princesses*

e   van   'dɔn: ne   'doɲ: ɲi   'gra do
e   **v'han**   **donne**   **d'ogni**   **grado,**
and   *there are*   *women*   *of every*   *rank*

'doɲ: ɲi   'for ma   'doɲ: ɲi   e 'ta
d'ogni   **forma,**   **d'ogni**   **età.**
of every   *form*   *of every*   *age*

'nel: la   'bjon da   'eʎ: ʎi   a   lu 'zan tsa
Nella   **bionda**   **egli**   **ha**   **l'usanza**
to the   *blond one*   *he*   *has*   *the habit*

   di   lo 'dar la   la   dʒen ti 'let: tsa
   di   **lodarla**   **la**   **gentilezza,**
   of   *to praise in her*   *the*   *kindness*

'nel: la   'bru na   la   ko 'stan tsa
nella   **bruna**   **la**   **costanza,**
to the   *brunette*   *the*   *constancy*

'nel: la   'bjan ka   la   dol 'tʃet: tsa
nella   **bianca**   **la**   **dolcezza.**
to the   *fair-haired one*   *the*   *sweetness*

vwɔl   din 'vɛr no   la   gras: 'sɔt: ta
Vuol   **d'inverno**   **la**   **grassotta,**
he wants   *in winter*   *the*   *plump one*

vwɔl   de 'sta te   la   ma 'grɔt: ta
vuol   **d'estate**   **la**   **magrotta,**
he wants   *in summer*   *the*   *skinny one*

e   la   'gran de   ma e 'sto za
è   **la**   **grande**   **maestosa.**
and   *the*   *tall*   *imposing one*

la   pit: 'tʃi na   ɛ   oɲ: 'ɲor   vet: 'tso za
La   **piccina**   **è**   **ognor**   **vezzosa;**
the   *tiny one*   *is*   *always*   *charming*

'del: le   'vɛk: kje   fa   kon 'kwi sta
delle   **vecchie**   **fa**   **conquista,**
of the   *old ones*   *he makes*   *conquest*

pel   pja 'tʃer   di   'por le   in   'li sta
pel   **piacer**   **di**   **porle**   **in**   **lista.**
for the   *pleasure*   *of*   *to put them*   *on*   *list*

'su a   pas: 'sjon   pre do mi 'nan te
Sua   **passion**   **predominante**
his   *passion*   *predominant*

ɛ   la   'dʒo vin   prin tʃi 'pjan te
è   **la**   **giovin**   **principiante.**
is   *the*   *young*   *beginner*

non   si 'pik: ka   se   'si a   'rik: ka
Non   **si picca,**   **se**   **sia**   **ricca,**
not   *he is offended*   *if*   *she be*   *rich*

se   'si a   'brut: ta   se   'si a   'bɛl: la
se   **sia**   **brutta,**   **se**   **sia**   **bella,**
if   *she be*   *ugly*   *if*   *she be*   *beautiful*

pur 'ke   'pɔr ti   la   gon: 'nɛl: la
purchè   **porti**   **la**   **gonnella,**
as long as   *she may wear*   *the*   *skirt*

'vo i   sa 'pe te   kwel   ke   fa
voi   **sapete**   **quel**   **che**   **fa.**
you   *know*   *that*   *which*   *he does*

DIE ENTFÜHRUNG AUS DEM SERAIL
music: Wolfgang Amadeus Mozart
libretto: Gottlieb Stephanie the younger (after a libretto by Christoph Friedrich Bretzner)

O, wie will ich triumphiren

o: vi: vɪll⇒   ɪç   tri: ʊm 'fi: rən
O,   **wie**   **will**   **ich**   **triumphieren,**
Oh,   *how*   *shall*   *I*   *exalt,*

vɛnn   zi: oyç   tsʊm   'rɪçt plats   'fy: rən
wenn   **sie**   **euch**   **zum**   **Richtplatz**   **führen,**
when   *they*   *you*   *to the*   *gallows*   *lead,*

ʊnt⇨	diː	ˈhɛːl zə	ˈʃnyː rən	tsuː
und	**die**	**Hälse**	**schnüren**	**zu.**
and	*your*	*necks*	*tie*	*tightly.*

ˈhʏp fən	vɪll⇨	ɪç	ˈla xən	ˈʃprɪ ŋən
Hüpfen	**will**	**ich,**	**lachen,**	**springen,**
Skip	*will*	*I,*	*laugh,*	*jump,*

ʊnt	aɪn	ˈfrɔy dən ˈliː⇨tçən	ˈzɪ ŋən
und	**ein**	**Freudenliedchen**	**singen;**
and	*a*	*joyful song*	*sing;,*

dɛnn	nuːn	haː⇨	⇨bɪç	foːᵃ	ɔyç	ruː
denn	**nun**	**hab'**	**ich**	**vor**	**euch**	**Ruh'.**
for	*now*	*have*	*I*	*from*	*you*	*peace.*

ʃlaɪçt	nuːᵃ	ˈzɔy bɚ lɪç⇨	ʊnt	ˈlaɪ zə
Schleicht	**nur**	**säuberlich**	**und**	**leise,**
Sneak	*only*	*carefully*	*and*	*carefully,*

ˈiːᵃ	fɛʀ ˈdamm tən	ˈhaː rɛms ˈmɔy zə
ihr	**verdammten**	**Harems-mäuse,**
you	*damned*	*harem's mice,*

ʊn zɚ	oːᵃ	ɛnt⇨ ˈdɛkt	ɔyç	ʃoːn
unser	**Ohr**	**entdeckt**	**euch**	**schon;**
our	*ear*	*will discover*	*you*	*definitely;*

ʊnt	eː	iːᵃ	ʊns	kœnnt	ɛnt ˈʃprɪ ŋən
und	**eh'**	**ihr**	**uns**	**könnt**	**entspringen,**
and	*before*	*you*	*from us*	*can*	*escape,*

zeːt⇨	iːᵃ	ɔyç⇨	ɪn	ˈʊn zɚn	ˈʃlɪ ŋən
seht	**ihr**	**euch**	**in**	**unsern**	**Schlingen,**
will find	*you*	*yourselves*	*in*	*our*	*traps,*

ʊnt	ɛʀ ˈha ʃət	ˈɔy rən	loːn
und	**erhaschet**	**euren**	**Lohn.**
and	*will catch*	*your*	*reward.*

MANON
music: Jules Massenet
libretto: Henri Meilhac and Philippe Gille (after the novel *L'Histoire du Chevalier des Grieux et de Manon Lescaut* by Abbé Prévost)

Épouse quelque brave fille

lɛ	grɑ̃	mo	kœ	vwa la
Les	**grands**	**mots**	**que**	**voilà!**
the	*lofty*	*words*	*that*	*there is*

kɛ lœ	ru‿	ta ty	dɔ̃	sɥi vi œ
Quelle	**route**	**as-tu**	**donc**	**suivie,**
what	*path*	*have you*	*then*	*followed*

e	kœ	sɛ ty	dœ	sɛ tœ	vi œ
et	**que**	**sais-tu**	**de**	**cette**	**vie**
and	*what*	*know you*	*of*	*this*	*life*

pur	pɑ̃ se	kɛ lœ	fi ni	la
pour	**penser**	**qu'elle**	**finit**	**là?**
in order	*to think*	*that it*	*ends*	*there*

e pu zœ   kɛl kœ   bra vœ   fi jœ
Épouse   **quelque**   **brave**   **fille**
marry   *some*   *fine*   *girl*

di ɲœ   dœ   nu   di ɲœ   dœ   twa
digne   **de**   **nous,**   **digne**   **de**   **toi;**
worthy   *of*   *us*   *worthy*   *of*   *you*

dœ vjɛ̃   zœ̃   pɛ rœ   dœ   fa mi jœ
deviens   **un**   **père**   **de**   **famille**
become   *a*   *father*   *of*   *family*

ni   pi rœ   ni   mɛ jœr   kœ   mwa
ni   **pire,**   **ni**   **meilleur**   **que**   **moi:**
neither   *worse*   *nor*   *better*   *than*   *me*

lœ   sjɛl   nɑ̃   vø   pɑ   da vɑ̃ ta ʒœ
le   **ciel**   **n'en**   **veut**   **pas**   **davantage.**
the   *heaven*   *not of it*   *wishes*   *[not]*   *more*

sɛ   la   lœ   dœ vwar
C'est   **là**   **le**   **devoir,**
it is   *there*   *the*   *duty*

ɑ̃ tɑ̃ ty
entends-tu?
understand you

sɛ   la   lœ   dœ vwar
C'est   **là**   **le**   **devoir!**
it is   *there*   *the*   *duty*

la   vɛr ty   ki   fɛ   dy   ta pa ʒœ
La   **vertu**   **qui**   **fait**   **du**   **tapage**
the   *virtue*   *which*   *makes*   *of the*   *uproar*

nɛ   de ʒa   ply   dœ   la   vɛr ty
n'est   **déjà**   **plus**   **de**   **la**   **vertu!**
not is   *at all*   *more*   *of*   *the*   *virtue*

LE NOZZE DI FIGARO

music: Wolfgang Amadeus Mozart

libretto: Lorenzo da Ponte (after *La Folle Journée, ou Le Mariage de Figaro,* a comedy by Pierre Augustin Caron de Beaumarchais)

Non più andrai

non   pju   an ˈdra i   far fal: ˈlo ne   a mo ˈro zo
Non   **più**   **andrai,**   **farfallone**   **amoroso,**
not   *more*   *you will go*   *big butterfly*   *amorous*

ˈnɔt: te   e   ˈdʒor no   din ˈtor no   dʒi ˈran do
notte   **e**   **giorno**   **d'intorno**   **girando,**
night   *and*   *day*   *all around*   *circling*

ˈdel: le   ˈbɛl: le   tur ˈban do   il   ri ˈpɔ zo
delle   **belle**   **turbando**   **il**   **riposo,**
of the   *beautiful women*   *disturbing*   *the*   *repose*

nar tʃi ˈzet: to   a don ˈtʃi no   da ˈmor
Narcisetto,   **Adoncino**   **d'amor.**
little Narcissus   *little Adonis*   *of love*

non   pju   a ˈvra i   ˈkwe sti   ˈbɛ i   pen: nak: ˈki ni
Non   **più**   **avrai**   **questi**   **bei**   **pennacchini,**
not   *more*   *you will have*   *these*   *beautiful*   *feathers*

kwel kap: 'pɛl: lo led: 'dʒɛ ɾo e ga 'lan te
quel **cappello** **leggiero** **e** **galante,**
that *hat* *light* *and* *gallant*

'kwel: la 'kjɔ ma kwel: 'laɾ ja bril: 'lan te
quella **chioma,** **quell'aria** **brillante,**
that *hair* *that air* *sparkling*

kwel ver 'miʎ: ʎo don: 'ne sko ko 'lor
quel **vermiglio** **donnesco** **color!**
that *vermillion* *womanish* *color*

non pju a 'vra i 'kwe i pen: nak: 'ki ni
Non **più** **avrai** **quei** **pennacchini,**
not *more* *you will have* *those* *feathers*

kwel kap: 'pɛl: lo 'kwel: la 'kjɔ ma
quel **cappello,** **quella** **chioma,**
that *hat* *that* *hair*

kwel: 'la ɾja bril: 'lan te
quell'aria **brillante!**
that air *sparkling*

tra gwer: 'rjɛ ɾi pof: far 'bak: ko
Tra **guerrieri,** **poffar Bacco!**
among *warriers* *amazing Bacchus = "by Jove"*

gran mu 'stak: ki 'stret: to 'sak: ko
Gran **mustacchi,** **stretto** **sacco,**
big *whiskers* *tight* *tunic*

'skjɔp: po in 'spal: la 'ʃa bla al 'fjaŋ ko
schioppo **in** **spalla,** **sciabla** **al** **fianco,**
rifle *on* *shoulder* *sabre* *at the* *hip*

'kɔl: lo 'drit: to 'mu zo 'fraŋ ko
collo **dritto,** **muso** **franco,**
neck *straight* *face* *straightforward*

un gran 'ka sko o un gran tur 'ban te
un **gran** **casco,** **o** **un** **gran** **turbante,**
a *big* *helmet* *or* *a* *big* *turban*

'mol to o 'nor 'pɔ ko kon 'tan te
molto **onor,** **poco** **contante.**
much *honor* *little* *cash*

e din 've tʃe del fan 'daŋ go
Ed invece **del** **fandango**
and instead *of the* *fandango*

'u na 'mar tʃa per il 'faŋ go
una **marcia** **per** **il** **fango.**
a *march* *through* *the* *mud*

per mon 'taɲ: ɲe per val: 'lo ni
Per **montagne,** **per** **valloni,**
over *mountains* *through* *ravines*

kon le 'ne vi e i sol: li 'o ni
con **le** **nevi,** **e** **i** **sollioni,**
with *the* *snows* *and* *the* *summer heats*

al kon 'tʃer to di trom 'bo ni di bom 'bar de
al **concerto** **di** **tromboni,** **di** **bombarde,**
to the *chorus* *of* *trombones* *of* *bombards*

di kan: 'no ni ke le 'pal: le
di cannoni, che le palle
of cannons which the cannonballs

in 'tut: ti i 'two ni
in tutti i tuoni,
in all the thunder

al: lo 'rek: kjo fan fi 'skjar
all'orecchio fan fischiar.
in the ear make to whistle

ke ru 'bi no 'al: la vit: 'to rja
Cherubino, alla vittoria,
Cherubino to the victory

'al: la 'glo rja mi li 'tar
alla gloria militar!
to the glory military

La vendetta

'bɛ ne 'i o 'tut: to fa 'rɔ
Bene, io tutto farò;
fine I everything [I] will do

'sɛn tsa ri 'zɛr ve
senza riserve,
without reservations

'tut: to a me pa le 'za te
tutto a me palesate.
everything to me disclose

a 'vrɛ i pur 'gu sto di dar in 'moʎ: ʎe
(Avrei pur gusto di dar in moglie
I should have certainly pleasure in giving as wife

la 'mi a 'sɛr va an 'ti ka a ki
la mia serva antica a chi
the my servant old to one who

mi 'fe tʃe un di ra 'pir la 'mi ka
mi fece un dì rapir l'amica.)
from me did one day [to] steal the girlfriend

la ven 'det: ta o la ven 'det: ta
La vendetta, oh, la vendetta
the vengeance oh the vengeance

ɛ un pja 'tʃer ser 'ba to 'a i 'sad: dʒi
è un piacer serbato ai saggi.
is a pleasure reserved for the wise ones

lob: bli 'ar 'lon te ʎi ol 'trad: dʒi
L'obbliar l'onte, gli oltraggi
the forgetfulness the disgraces the offences

ɛ bas: 'set: tsa ɛ oɲ: 'ɲor vil 'ta
è bassezza, è ognor viltà.
is baseness is always cowardice

kol: la 'stut: tsja kol: lar 'gut: tsja
Coll'astuzia, coll'arguzia,
with the shrewdness with the wit

kol   dʒu ˈdit: tsjo kol   kri ˈtɛ ɾjo
col   giudizio,   col   criterio,
with the wisdom   with the good sense

si po ˈtrɛb: be
si potrebbe...
one would be able

il   ˈfat: to ɛ ˈsɛ ɾjo
il   fatto è serio.
the matter is serious

ma kre ˈde te si fa ˈra
Ma credete, si farà.
but believe   it will be done

se ˈtut: to il ˈkɔ di tʃe do ˈves: si
Se tutto il codice dovessi
if all the [legal] code I should have had to

ˈvɔl dʒe ɾe
volgere,
[to] bend

se ˈtut: to ˈlin di tʃe do ˈves: si ˈlɛd: dʒe ɾe
se tutto l'indice dovessi leggere,
if all the index I should have had to [to] read

kon un e ˈkwi vo ko kon un si ˈnɔ ni mo
con un equivoco, con un sinonimo
with an ambiguity with a synonym

ˈkwal ke gar ˈbuʎ: ʎo si tro ve ˈra
qualche garbuglio si troverà.
some confusion will be found

ˈtut: ta si ˈviʎ: ʎa ko ˈnoʃ: ʃe ˈbar to lo
Tutta Siviglia conosce Bartolo—
all Seville knows Bartolo

il ˈbir bo ˈfi ga ɾo ˈvin to sa ˈra
il birbo Figaro vinto sarà.
the rascal Figaro defeated will be

SIMON BOCCANEGRA
music: Giuseppe Verdi
libretto: Francesca Maria Piave and Arrigo Boito

Il lacerato spirito

a te le ˈstrɛ mo ad: ˈdi o
A te l'estremo addio,
to you the final farewell

pa ˈla dʒo al ˈtɛ ɾo
palagio altero,
palace proud

ˈfred: do se ˈpol kro del: ˈlan dʒo lo ˈmi o
freddo sepolcro dell'angiolo mio!
cold sepulchre of the angel mine

ne   a   pro 'ted: dʒer lo   'val si
Nè   a   proteggerlo   valsi!
not   to   [to] protect her   I was not of use

o   ma le 'det: to
Oh   maledetto!
oh   cursed one

o   'vi le   se dut: 'to ɾe
Oh   vile   seduttore!
oh   vile   seducer

e   tu   'ver dʒin   sof: 'fri sti   ra 'pi ta
E   tu,   Vergin,   soffristi   rapita
and   you   Virgin   you allowed   robbed

a   'lɛ i   la   ver dʒi 'nal   ko 'ro na
a   lei   la   verginal   corona?
from   her   the   virginal   crown

a   ke   'dis: si   de 'li ɾo
Ah!   che   dissi?   deliro!
ah   what   I said   I rave

a   mi   per 'do na
Ah!   mi   perdona!
ah   me   forgive

il   la tʃe 'ra to   'spi ɾi to
Il   lacerato   spirito
the   lacerated   spirit

del   'mɛ sto   dʒe ni 'to ɾe
del   mesto   genitore
of the   sad   father

'ɛ ɾa   ser 'ba to   a   'strat: tsjo
era   serbato   a   strazio
was   reserved   for   agony

din 'fa mja   e   di   do 'lo ɾe
d'infamia   e   di   dolore.
of infamy   and   of   sorrow

il   'sɛr to   a   'lɛ i   de   'mar ti ɾi
Il   serto   a   lei   de'   martiri
the   wreath   to   her   of [the]   martyrs

pje 'to zo   il   'tʃɛ lo   djɛ
pietoso   il   cielo   diè.
mercifully   the   heaven   gave

're za   al   ful 'gor   'deʎ: ʎi   'an dʒe li
Resa   al   fulgor   degli   angeli,
returned   to the   radiance   of the   angels

'prɛ ga   ma 'ri a   per   me
prega,   Maria,   per   me.
pray   Maria   for   me

LA SONNAMBULA

music: Vincenzo Bellini

libretto: Felice Romani (after *La Sonnambule,* a ballet-pantomime by Eugène Scribe)

Vi ravviso

il   mu 'li no   il   'fon te   il   'bɔ sko
Il   mulino...   il   fonte...   il   bosco...
the   mill   the   fountain   the   woods

e   vi 'tʃin   la   fat: to 'ri a
e   vicin   la   fattoria!
and   nearby   the   farmhouse

vi   rav: 'vi zo   o   'lwɔ gi   a 'mɛ ni
Vi   ravviso,   o   luoghi   ameni,
you   I recognize   o   places   pleasant

iŋ   'ku i   'ljɛ ti   iŋ   'ku i   se 'rɛ ni
in   cui   lieti,   in   cui   sereni
in   which   happy   in   which   serene

si   traŋ 'kwil: lo   i   di   pas: 'sa i
sì   tranquillo   i   dì   passai
so   peaceful   the   days   I passed

'del: la   'pri ma   dʒo ven 'tu
della   prima   gioventù!
of the   first   youth

'ka ri   'lwɔ gi   'i o   vi   tro 'va i
Cari   luoghi,   io   vi   trovai,
dear   places   I   you   I found

ma   kwel   di   non   'trɔ vo   pju
ma   quei   dì   non   trovo   più!
but   those   days   not   I find   more

ma   fra   'vo i   se   non   miŋ 'gan: no
Ma   fra   voi,   se   non   m'inganno,
but   among   you   if   not   myself I deceive

'ɔd: dʒi   a 'lwɔ go   al 'ku na   'fɛ sta
oggi   ha luogo   alcuna   festa?
today   takes place   some   celebration

e   la   'spɔ za   ɛ   'kwel: la
E   la   sposa?   è   quella?
and   the   bride   it is   that one

ɛ   dʒen 'til   led: 'dʒa dra   'mol to
È   gentil,   leggiadra   molto.
she is   refined   charming   much

'ki o   ti   'mi ri
Ch'io   ti   miri!
that I   you   [I] may gaze at

o   il   'va go   'vol to
Oh!   il   vago   volto!
oh   the   lovely   face

tu	non	'sa i	kon	'kwe i	'bɛʎ: ʎi	'ɔk: ki
Tu	**non**	**sai**	**con**	**quei**	**begli**	**occhi**
you	*not*	*you know*	*with*	*those*	*beautiful*	*eyes*

'ko me	'dol tʃe	il	kɔr	mi	'tok: ki
come	**dolce**	**il**	**cor**	**mi**	**tocchi,**
how	*sweet*	*the*	*heart*	*to me*	*you touch*

kwal	ri 'kja mi	'a i	pen 'sjɛr	'mjɛ i
qual	**richiami**	**ai**	**pensier**	**miei**
what	*you recall*	*to the*	*thoughts*	*mine*

a do 'ra bi le	bel 'ta
adorabile	**beltà.**
adorable	*beauty*

'ɛ ɾa	'des: sa	a	kwal	tu	'sɛ i
Era	**dessa,**	**ah**	**qual**	**tu**	**sei,**
was	*she*	*ah*	*such as*	*you*	*[you] are*

sul	mat: 'ti no	del: le 'ta	si
sul	**mattino**	**dell'età,**	**sì!**
upon the	*morning*	*of the age*	*yes*

DIE ZAUBERFLÖTE

music: Wolfgang Amadeus Mozart
libretto: Emanuel Schikaneder (loosely based on a fairy tale by Wieland)

O Isis und Osiris

o:	'i: zɪs	ʊnt	'o: zi: rɪs	'ʃɛŋ kət
O	**Isis**	**und**	**Osiris,**	**schenket**
Oh	*Isis*	*and*	*Osiris,*	*bestow*

deːᵃ	'vaɪs haɪt	gaɪst⇨	deːm	'nɔy ən	paːr
der	**Weisheit**	**Geist**	**dem**	**neuen**	**Paar!**
the	*wisdom's*	*spirit*	*upon the*	*new*	*couple!*

diː	iːᵃ	deːᵃ	'van drɐ	'ʃrɪt⇨ tə	'lɛŋ kət
Die	**ihr**	**der**	**Wandrer**	**Schritte**	**lenket,**
You	*who*	*the*	*travelers'*	*steps*	*lead,*

ʃtɛːrkt	mɪt	gə 'dʊlt	ziː	ɪn	gə 'faːr
stärkt	**mit**	**Geduld**	**sie**	**in**	**Gefahr.**
strengthen	*with*	*patience*	*them*	*in*	*danger.*

lasst⇨	ziː	deːᵃ	'pryː fʊŋ	'frʏç tə	'zeː (h)ən
Lasst	**sie**	**der**	**Prüfung**	**Früchte**	**sehen,**
Let	*them*	*(the)*	*trials'*	*results*	*recognize,*

dɔx	'zɔl⇨l tən	ziː	tsuː	'graː bə	'geː (h)ən
doch	**sollten**	**sie**	**zu**	**Grabe**	**gehen,**
but	*should*	*they*	*to their*	*grave*	*go,*

zoː	loːnt	deːᵃ	'tuː gənt	'kyː nən	laʊf
so	**lohnt**	**der**	**Tugend**	**kühnen**	**Lauf,**
then	*reward*	*(the)*	*virtue's*	*brave*	*course,*

neːm⇨	⇨tsiː	ɪn	'ɔy rən	'voːn zɪts	aʊf
nehmt	**sie**	**in**	**euren**	**Wohnsitz**	**auf.**
receive	*them*	*in*	*your*	*kingdom*	*[1]*

[1] Separable prefix to the verb "aufnehmen" (receive, welcome)

In diesen heil'gen Hallen

ɪn diː zən 'haɪl gən 'hal⇨ lən
In diesen heil'gen Hallen
In these sacred halls

kɛnnt⇨ man diː 'ra xə nɪçt
kennt man die Rache nicht,
knows one (the) revenge not,

ʊnt ɪst aɪn mɛnʃ gə 'fal⇨ lən
und ist ein Mensch gefallen,
and did a human being fall,

fyːrt 'liː bə iːn tsuːᵃ pflɪçt
führt Liebe ihn zur Pflicht.
leads love him to his duty.

dan⇨n 'van dəlt eːᵃ an 'frɔyn dəs hant
Dann wandelt er an Freundes Hand
Then travels he by a friend's hand

fɛʀ 'gnyːkt ʊnt froː ɪns 'bɛs⇨s rə lant
vergnügt und froh ins bess're Land.
joyful and happy to a better land.

ɪn diː zən 'haɪl gən 'maʊ ɚn
In diesen heil'gen Mauern,
In these sacred walls

voː mɛnʃ deːn 'mɛn ʃən liːpt
wo Mensch den Menschen liebt,
where man the fellow man loves,

kan⇨n kaɪn fɛʀ 'rɛː tɚ 'laʊ ɚn
kann kein Verräter lauern,
can no traitor hide,

vaɪl man deːm faɪnt fɛʀ 'giːpt
weil man dem Feind vergibt.
because one the enemy forgives.

veːn 'zɔl çə 'leː rən nɪçt ɛʀ 'frɔyn
Wen solche Lehren nicht erfreun,
Whomever such teachings not please

fɛʀ 'diː nət nɪçt aɪn mɛnʃ tsuː zaɪn
verdienet nicht ein Mensch zu sein.
deserves not a human being to be.

Vecchia zimarra, senti

from
LA BOHÈME

Giacomo Puccini

Allegretto moderato e triste (♩ = 63)

COLLINE:

Vec - chia zi - mar - ra, sen - ti, io re-sto al pian, tu a -

scen - de-re il sa-cro mon-te or de - vi. Le mie gra - zie ri - ce - vi.

Mai non cur - va - sti il lo - go-ro dor-so ai ric-chi ed ai po-ten - ti.

Madamina! Il catalogo è questo

from
DON GIOVANNI

Wolfgang Amadeus Mozart

me, os - ser - va - te, leg - ge - te con me!

In I - ta - lia sei cen - to e qua - ran - ta,

in Al - ma - gna due cen - to e trent' u - na,

cen - to in Fran - cia, in Tur - chia no - vant' u - na; ma, in I -

spa-gna, ma, in I - spa-gna son già mil-le e tre, mil-le e tre,

mil-le e tre! V'han fra que-ste con-ta - di - ne,

ca-me-rie-re, cit-ta - di-ne, v'han con-tes-se, ba-ro - nes-se,

mar-che-sa - ne, prin-ci - pes - se, e v'han don-ne d'o-gni gra-do, d'o-gni for - ma, d'o-gni e -

tà, d'o - gni_ for-ma,d'o-gnie - tà.   In I - ta - lia

sei cen - to e qua-ran - ta,   in Al - ma - gna

due cen - to e trent' u - na,   cen - to in Fran - cia, in Tur-

chia no - vant' u - na; ma, ma,_ ma, in I - spa - gna, ma,in I -

tà, d'o - gni for - ma, d'o - gni_e - tà!

Andante con moto

Nel - la__ bion-da e gli_ha l'u-san-za di lo - dar__

la gen - ti - lez - za, nel - la bru - na la co-

stan - za, nel - la__ bian - ca la__ dol - cez - za.

38

ci - na, la pic - ci - na, la pic - ci - na, la pic - ci - na, la pic-

ci - na, la pic-ci - na, la pic-ci - na, la pic - ci - na è o-gnor vez - zo - sa, è o-gnor vez-

zo - sa, è o-gnor vez - zo - sa; del - le vec-chie fa con - qui - sta,

pel pia - cer di por - le in li - sta. Sua pas-sion pre-do-mi-

nan - te _____ è la gio-vin prin-ci -pian- te.   Non si

pic - ca,se sia ric - ca,se sia brut - ta,se sia bel - la,se sia

ric - ca,brut-ta,se sia bel - la,   pur - chè_ por - ti la_ gon-nel - la,

voi sa - pe-te   quel che fa,   voi sa -pe-te

41

quel che fa, pur - chè por - ti la gon - nel - la, voi sa-

pe - te quel che fa, voi sa - pe - te, voi sa - pe - te quel che

fa,_____ quel che fa,_____ quel che fa,_____

_ voi sa - pe - te quel che fa.

*The performance tradition is a hum at this spot.

O, wie will ich triumphiren

from
DIE ENTFÜHRUNG AUS DEM SERAIL

Wolfgang Amadeus Mozart

OSMIN:

O, wie will ich tri - um - phi - ren, wenn sie euch zum Richt-platz füh - ren,

43

und die Häl - se schnü-ren zu, schnü-ren zu, und die Häl - se schnü-ren

zu, schnü-ren zu, schnü-ren zu,

f *p*

und die Häl - se schnü-ren zu, schnü-ren zu. Hüp - fen will ich,

la - chen, sprin - gen, und ein Freu - den - lied - chen

44

sin - gen; denn nun hab' ich vor

euch Ruh', denn nun hab'

ich vor euch Ruh'.

45

O, wie will ich tri-um-phi - ren, wenn sie euch zum Richt-platz füh - ren, und die Häl - se schnü-ren zu, schnü-ren zu, und die Häl - se schnü-ren zu, schnü - ren zu. Schleicht nur säu - ber - lich und lei - se, ihr ver - damm - ten

46

Ha - rems - mäu - se, un - ser Ohr ent - deckt euch schon; und eh' ihr uns könnt ent - sprin - gen, seht ihr euch in un - sern Schlin - gen, und er - ha - schet eu - ren Lohn, und er - ha - schet eu - ren Lohn.

Schleicht nur säu - ber - lich und lei - se, ihr ver -

damm - ten Ha - rems - mäu - se, un - ser Ohr ent - deckt euch

schon, ent - deckt euch schon, ent - deckt euch schon.

O, wie will ich tri - um - phi - ren, wenn sie euch zum Richt-platz

füh - ren, und die Häl - se schnü-ren zu, schnü-ren zu,

und die Häl - se schnü-ren zu, schnü-ren zu. Hüp - fen

will ich, la - chen, sprin-gen, und ein

Freu - den - lied - chen sin - - -

sf *p*

gen;

denn   nun   hab'   ich   vor   euch

Ruh',   denn   nun   hab'   ich

50

vor euch Ruh'.

O, wie

will ich tri - um - phi - ren, wenn sie euch zum Richt-platz füh - ren,

und die Häl - se schnü-ren zu, schnü - ren zu, schnü - ren

zu, schnü-ren, schnü - ren, schnü-ren zu, schnü - ren, schnü - ren, schnü - ren,

schnü - ren, schnü-ren, schnü-ren, schnü-ren zu, und die Häl - se

cresc.

schnü - ren zu, und die Häl - se schnü-ren zu, schnü-ren zu, schnü-ren

f p

zu, schnü-ren, schnü - ren, schnü - ren zu, schnü - ren, schnü - ren, schnü - ren,

schnü - ren, schnü-ren, schnü - ren, schnü-ren zu, und die Häl - se

cresc.

schnü - ren zu, und die Häl - se schnü - ren zu, und die Häl - se schnü - ren

f

zu, schnü-ren zu, schnü - ren zu.

Épouse quelque brave fille

from
MANON

Jules Massenet

COUNT DES GRIEUX:

Les grands mots que voi - là! Quel - le route as - tu donc sui -

vi - e, et que sais-tu de cet-te vi - e pour pen - ser qu'el - le fi-nit là?

É - pou - se quel-que bra - ve fil - le

di - gne de nous, di - gne de toi;____ de - viens un pè - re de fa-

mil - le ni pi - re, ni meil - leur que moi: le ciel n'en veut pas da-van-

ta - ge. C'est là le de-voir, en-tends - tu? C'est là le de-

Un poco animando
quasi declamando

voir!_____ La ver-tu qui fait du ta - pa - ge n'est dé-jà plus de la ver-

55

This page has been intentionally left blank.

Non più andrai

from
LE NOZZE DI FIGARO

Wolfgang Amadeus Mozart

Vivace FIGARO:

Non più an-drai, far - fal - lo - ne_a - mo - ro - so, not - te_e

gior - no d'in-tor - no gi - ran - do, del - le bel - le tur-ban - do_il ri -

po - so, Nar - ci - set - to,_A-don-ci - no d'a - mor, del - le bel - le tur-ban - do_il ri -

po - so, Nar - ci - set - to,_A-don-ci - no d'a - mor.

Non più a-vrai que-sti bei pen-nac-chi - ni, quel cap-

pel - lo leg-gie-ro e ga - lan - te, quel-la chio-ma,quell'a - ria bril-

lan - te, quel ver - mi - glio don-ne - sco co-lor, quel ver-

mi - glio don-ne - sco co-lor! Non più a -

60

set - to, A-don-ci - no d'a-mor, del - le bel - le tur-ban-do il ri -

po - so, Nar - ci - set - to, A - don - ci - no d'a - mor.

mf *p* *f*

Tra guer-rie - ri, pof-far Bac-co! Gran mus-tac-chi, stret-to

sac - co, schiop-po in spal - la, scia-bla al fian - co, col - lo drit - to, mu-so

franco, un gran ca - sco, o un gran tur - ban - te, mol-to o -

nor, po - co con - tan - te, po - co con - tan - te, po - co con - tan - te. Ed in -

ve - ce del fan - dan - go u - na

mar - cia per il fan - go. Per mon - ta - gne, per val -

62

lo - ni,   con le ne - vi, e i sol - lio - ni, al con - cer - to di trom -

bo - ni, di bom - bar - de, di can - no - ni, che le pal - le in tut - ti i

tuo - ni, all' o - rec - chio fan fi - schiar.   Non più a -

vrai   quei pen - nac - chi - ni,   non più a -

64

bel - le tur-ban-do il ri - po - so, Nar - ci - set - to, A-don-ci - no d'a-

mor, del - le bel - le tur-ban-do il ri - po - so, Nar - ci -

set - to, A-don-ci - no d'a-mor. Che - ru - bi - no, al-la vit -

to - ria, al - la glo - ria mi - li - tar. Che - ru -

bi - no, al-la vit - to - ria, al - la glo - ria mi - li - tar, al - la

glo - ria mi - li - tar, al - la glo - ria mi - li - tar!

La vendetta

from
LE NOZZE DI FIGARO

Wolfgang Amadeus Mozart

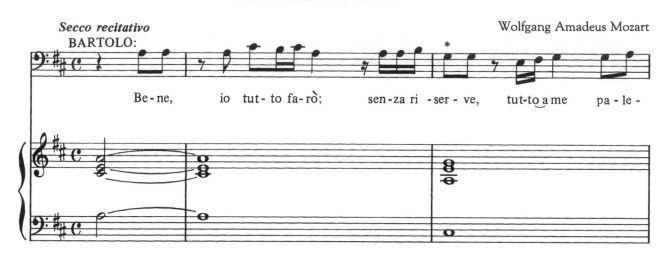

Be-ne, io tut-to fa-rò; sen-za ri-ser-ve, tut-to a me pa-le-

sa-te. (A-vrei pur gu-sto di dar in mo-glie la mia ser-va an-ti-ca a chi mi fe-ce un

dì ra-pir l'a-mi-ca.) La ven-det-ta, oh, la ven-

*Appoggiatura recommended

gnor vil - tà, è bas - sez - za, è o - gnor vil -

tà, è o - gnor vil - tà. Coll' a - stu - zia, coll' ar -

gu - zia, col giu - di - zio, col cri - te - rio, si po -

treb - be, si po - treb - be, coll' a - stu - zia, coll' ar -

gu - zia, col giu - di - zio, col cri - te - rio, si po - trebbe, si po -

cresc.

treb - be, si po - treb - be, si po - treb - be... il fat - to è

se - rio, il fat - to è se - rio, il fat - to è se - rio.

Ma cre - de - te, si fa - rà, ma cre -

de - te, si fa - rà.

Se tut-to il co - di - ce do-ves - si vol - ge - re, se tut - to l'in - di - ce do-ves - si

leg - ge - re, con un e - qui-vo - co, con un si - no - ni - mo qual-che gar-bu - glio si tro-ve -

rà, se tut-to il co - di - ce do-ves - si vol - ge - re, se tut - to l'in - di - ce do-ves - si

leg - ge - re, con un e - qui-vo-co, con un si - no - ni - mo qual-che gar - bu - glio si tro-ve-

rà, qual - che gar - bu - glio_____ si tro-ve-

rà, si tro - ve - rà. Tut - ta Si-

vi - glia co - no - sce Bar - to-lo—— il bir - bo

72

Fi-ga-ro vin-to sa - rà, tut-ta Si - vi - glia

co - no - sce Bar - to - lo— il bir-bo Fi - ga-ro

vin-to sa-rà, il bir-bo Fi - ga-ro vin - to sa-

rà, il bir-bo Fi - ga-ro vin - to sa-rà,

cresc.

vin - to sa - rà,

vin - to sa - rà,

vin - to sa - rà.

Il lacerato spirito

from
SIMON BOCCANEGRA

Giuseppe Verdi

val - si!   Oh ma-le - det - to! Oh vi - le se - dut -

to - re!   E   tu,   Ver - gin, sof - fri - sti   ra - pi - ta a

le - i   la ver-gi-nal co - ro - na?   Ah!   che dis-si?   de-

Allegro

Largo   **Allegro**

li - ro!   Ah!   mi per-do - na!

col canto

76

Re - sa al ful-gor de-gli an-ge-li,   pre - ga, Ma-ria, per me.

Re - sa al ful-gor de-gli an - ge-li,   pre - ga, Ma-ria, per

me,   pre - ga per me,

pre-ga per me, pre-ga, Ma-ria, per me.

O Isis und Osiris

from
DIE ZAUBERFLÖTE

Wolfgang Amadeus Mozart

in Ge - fahr.

Laßt sie der Prü - fung

Früch - te se - hen, doch soll - ten sie zu Gra - be ge - hen, so lohnt der Tu - gend

küh - nen Lauf,___ nehmt sie in eu - ren Wohn - sitz auf,___ nehmt sie in eu - ren

Wohn - sitz auf.

In diesen heil'gen Hallen

from
DIE ZAUBERFLÖTE

Wolfgang Amadeus Mozart

Vi ravviso

from
LA SONNAMBULA

Vincenzo Bellini

sa - i del - la pri - ma gio - ven - tù! Ca - ri

luo - ghi, io vi tro - vai, ca - ri luo-ghi, io vi tro-va - i, ma quei dì non tro - vo

più, ca - ri luo-ghi, io vi tro-va - i, ma quei dì non tro-vo più, non tro - vo

più, non tro - vo, non tro-vo più!

Ch'io ti mi - ri!   Oh! il va - go vol - to!

col canto

Allegro moderato

p

Tu non sa - i con quei be - gli oc - chi co - me

stent.

dol - ce il cor mi toc - chi, qual ri - chia - mi ai pen - sier

88